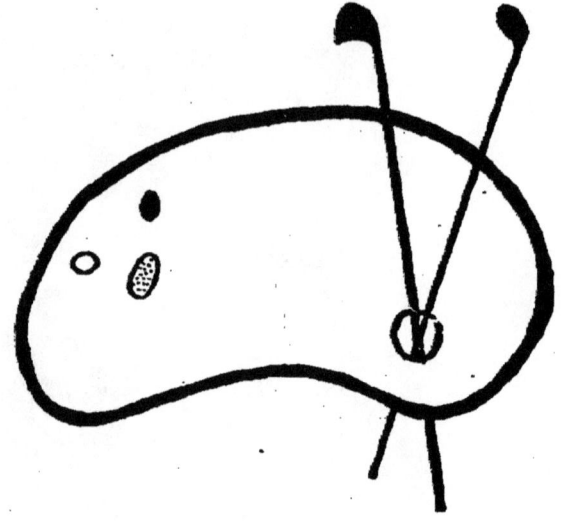

DÉBUT D'UNE SÉRIE DE DOCUMENTS
EN COULEUR

LA BOURGOGNE
ET SES VINS

Annuaire de la Propriété Viticole et Vinicole

(COTE-D'OR)

Par R. DANGUY

INGÉNIEUR-AGRONOME

PROFESSEUR D'ŒNOLOGIE A L'ÉCOLE DE VITICULTURE DE BEAUNE
CHIMISTE DE LA CHAMBRE SYNDICALE DES VINS ET SPIRITUEUX
DE L'ARRONDISSEMENT. — PUBLICISTE AGRICOLE, ETC.

PROPRIÉTAIRE-VITICULTEUR A DIJON

DIJON

MAISON ROPITEAU

H. ARMAND, SUCCESSEUR

—

1891

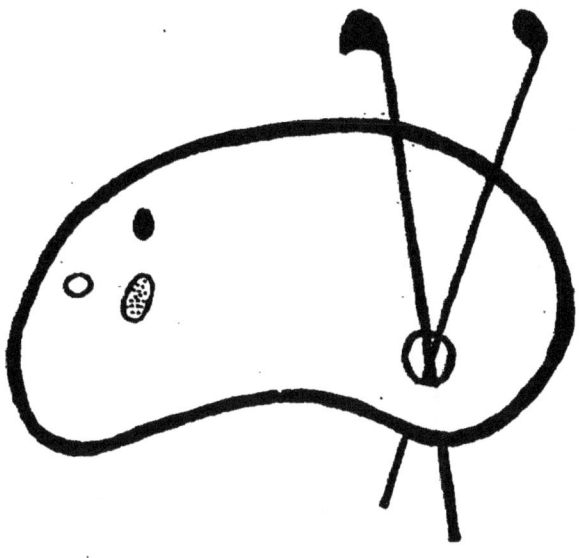

FIN D'UNE SERIE DE DOCUMENTS EN COULEUR

LA BOURGOGNE
ET SES VINS

LA BOURGOGNE
ET SES VINS

Annuaire de la Propriété Viticole et Vinicole

(COTE-D'OR)

Par R. DANGUY

INGÉNIEUR-AGRONOME

PROFESSEUR D'ŒNOLOGIE A L'ÉCOLE DE VITICULTURE DE BEAUNE
CHIMISTE DE LA CHAMBRE SYNDICALE DES VINS ET SPIRITUEUX
DE L'ARRONDISSEMENT. — PUBLICISTE AGRICOLE, ETC.

PROPRIÉTAIRE-VITICULTEUR A DIJON

DIJON

MAISON ROPITEAU

H. ARMAND, SUCCESSEUR

1891

AVERTISSEMENT

En publiant cet ouvrage, dont nous offrons aujourd'hui un spécimen susceptible d'ailleurs de modifications, nous pensons combler une sérieuse lacune et comptons sur le succès à en juger par les résultats obtenus par une publication similaire. On sait, que sous le titre de *Bordeaux et ses vins* existe, en effet, pour cette région de la France, un livre dans lequel tous ceux qui s'intéressent à l'œnologie et la viticulture, sont assurés de trouver tous les renseignements qui leur sont nécessaires.

Le plan de cet ouvrage auquel collaborent les spécialistes les plus distingués, est d'autre part très complet. En tête de l'ouvrage se trouvera une étude d'ensemble sur la géologie, la culture de la vigne, la vinification, etc.; en un mot, la viniculture bourguignonne. Ensuite nous rencontrerons une seconde partie consacrée à chaque canton et commune en particulier, et dans laquelle les lecteurs trouveront tous les renseignements spéciaux et qui peuvent les intéresser tant au point de vue statistique, historique, qu'à celui du classement des crûs, climats, etc.

Pour faciliter les recherches, la *Bourgogne et ses vins*

donnera pour chaque grand crû ou climat les noms des principaux propriétaires et propriétaires négociants, lesquels pourront en outre, et s'ils le désirent, faire insérer dans leur commune une vue d'ensemble de leurs caves ou chaix, châteaux, vignobles, etc., ainsi que la chose existe du reste dans *Bordeaux et ses vins*, de telle sorte que l'ouvrage aura pour le lecteur un attrait et un intérêt tout spécial, puisqu'il donnera en quelque sorte une vue d'ensemble de la propriété viticole.

D'autre part, et ainsi que nous le disions précédemment, en outre de la carte réduite au tiers qui sera en tête du volume, une carte murale de 2 m. 80 de long environ, permettra aux personnes désireuses d'avoir constamment sous les yeux l'ensemble de notre vignoble, de la placer dans leur bureau.

Dans ces conditions, il nous paraît que la *Bourgogne et ses vins*, cette statistique si intéressante, ne peut que recevoir le meilleur accueil de la part de ceux qui s'intéressent aux choses viticoles de la Bourgogne.

(Note de l'Éditeur)

SAVIGNY-LÈS-BEAUNE

SAVIGNY-LÈS-BEAUNE est situé par 2 degrés 20 minutes long. E. et par 47 degrés latitude nord, jadis appelé *Savigniacum* (1354).

L'altitude prise au seuil de l'Eglise est de 260 mètres.

Celle des hauts plateaux où sont situées les fermes est en moyenne de 400 mètres, au dessus de niveau de la mer.

La distance de Savigny au chef-lieu de canton est de 5 kilomètres.

Au chef-lieu d'arrondissement, 5 kilomètres.
Id. du département, 40 kilomètres.
de Paris, 350 kilomètres.

Comme communication, il existe des voitures à la plupart des trains à Beaune, trajet en 30 minutes.

Le territoire de Savigny-lès-Beaune n'a pas de limites naturelles.

Le polygone irrégulier dans lequel il se trouve compris s'appuie du côté du levant sur la grande route nationale n° 73; au nord, une ligne irrégulière brisée sépare Savigny des finages d'Aloxe, Pernand, Echevronne et Fussey. Du côté du couchant cette ligne irrégulière se continue au milieu des bois, traverse perpendiculairement la vallée étroite du Rhoin amont, en séparant son territoire de celui de Bouilland, et vient aboutir à l'ancienne voie romaine appelée vulgairement la Voie Ferrée. Au midi, cette ancienne voie dont les vestiges ou les traces n'ont pas encore disparu, forme une limite régulière à peu près rectiligne séparant le territoire des finages de Bessey-en-Chaume, Bouze et Beaune.

Le bon Courtépée (1) nous apprend que l'empereur Constantin venant de Trèves à Autun en 311, suivit cette route : on a souvent trouvé près de ce chemin, large de 16 à 18 pieds, non compris la berne et les fossés, et surtout dans les vignes et les montagnes, des tombeaux, ossements, des sabres, boucles de ceinturons, des vases et des médailles du Haut-Empire.

La duchesse du Maine pendant son exil en Bourgogne, sous la Régence, se retira au château de Savigny elle allait souvent se promener à Fontaine Froide, site enchanteur et où se trouve une source dont les eaux sont glaciales, elle disait en la voyant : Que ne l'ai-je à Sceaux !

D'après le cadastre établi en 1824 le territoire de Savigny comprend 3,598 hectares.

A cette époque la surface du vignoble était d'environ 700 hect., 390 hect. étaient en vignes de pinots et noiriens, 310 hectares environ étaient en gamays. Dans la période qui s'étend de 1850 à 1870 l'étendue du vignoble s'est considérablement accrue.

En 1868 elle atteignait son apogée environ 1,000 hectares près de 24,000 ouvrées.

Au point de vue géologique, nous rencontrons différentes formations dont les principales sont les suivantes :

Marnes oxfordiennes, les *Hauts Marconnets* (excepté la pointe) les *Bas Marconnets*, les *Peuillets*, les *Narbantons* (le centre), les *Jarrons* et le *Moutier-Amet* (la pointe du dessus).

Peu de choses à dire du Corallien : Savigny se trouve entre cet étage et le suivant qui est le Bathonien, il y a donc des affleurements. Sont dans le Cornbrash : *les Lavières*,

---

(1) Déjà cité.

Aux Fourneaux, les Basses Vergelesses, les Boutières, le Creux de la Net (le bas), *En Caradeux* (le milieu et le bas), *les Fichots et les Boutières*.

Sont dans le Corallien, la plus grande partie du vignoble et notamment *les Hauts Jarrons, les Redrescul, les Rouvrettes, les Jarrons, les Soucours, aux Guettes* (la partie inférieure), *les Serpentières, les Roichottes, les Petits Godeaux, les Gravains, les Godeaux du Haut, les Charnières, les Vergelesses* (le haut).

D'autre part, le docteur Morelot (1) nous apprend que le coteau le plus important et qui porte le nom de Noël, forme une masse qui s'étend d'une demi-lieue de l'est à l'ouest faisant un angle qui va du sud au nord pour finir à Pernand.

Ce coteau a pour base une roche calcaire, légèrement blanchâtre, dont les feuillets se détachent avec facilité.

De Vergnette-Lamotte écrit qu'entre Savigny et Aloxe, ce sont des successions analogues d'oolithes compactes, de marnes et d'oolithes grossières qui s'étendent sur le plateau.

En résumé Savigny possède un sol qui convient parfaitement à la culture de la vigne, et qui chose importante ne manque pas de profondeur.

Les vins de Savigny sont riches en bouquet et ne manquent ni de feu ni de force ; mais c'est surtout par leur exquise et délicate finesse qu'ils se recommandent..

Ce n'est guère qu'à la quatrième ou cinquième feuille qu'ils atteignent le degré de perfection voulu et ils le conservent pendant de longues années lorsque la récolte a été opérée dans des conditions favorables.

Aussi ont-ils à l'étranger une réputation de finesse, de douceur et d'arôme qui les fait rechercher avec empressement.

Courtépée et Beguillet écrivent que les Savigny prennent leur moelleux dès la seconde ou troisième feuille.

---

(1) Déjà cité.

En tenant compte des différences de prix, d'époques éloignées et de conditions diverses de production et de vente, il est facile de constater que les *vins de crû* à Savigny sont l'égal des vins les plus renommés de la Côte-d'Or.

En 1819 la queue de vin fin valait 360 francs, aujourd'hui elle a presque quadruplé ; c'est ainsi qu'à la vente des vins fins des Hospices de Beaune en 1884 la queue de vin de Savigny (cuvée Amoignon) *Vergelesses* a atteind le chiffre respectable de 1370 francs.

Une inscription qui date d'environ 200 ans et qu'on peut lire encore sur le fronton d'une porte du château de La Loyère caractérise ainsi les vins de Savigny.

« Les vins de Savigny sont nourrissants, théologiques et morbifuges »

Ce que l'on peut expliquer en remarquant que très anciennement, ces vins étaient très en faveur et que à Rome même ils jouissaient d'une grande réputation auprès des Papes.

Il convient d'autre part, de rappeler l'appréciation donnée depuis longtemps aux vins de Savigny.

« Parfumés, moelleux, primeurs, bons à la santé. »

Rappelons également que le duc de Bourgogne, passant à Dijon le 21 septembre 1703, y dina, et trouva le vin de Savigny, que lui offrit le président de Migien, si bon, qu'il dit, il vient d'un demi-dieu.

Ajoutons enfin qu'au point de vue analytique, les grands vins de ce terroir, sont riches en alcool, à extrait sec correspondant au degré, riches en éther, base du bouquet, et que le tannin qu'ils contiennent est d'environ un gramme par litre.

Comme dans bien des endroits, le *ban* de vendanges ne fut aboli qu'à la Révolution ; néanmoins, a de certaines époques. Il subit des modifications !

En 1263, Robert de Saudon, seigneur de Savigny, en cédant aux moines de Maizières le droit qu'il pouvait avoir sur les bois et terres de *Chenove* leur donnait aussi le droit de *vendanger sans ban*.

Ce droit fut à la vérité contesté car en 1401, les moines de Maizières ayant vendangé leurs vignes de Savigny *sans ban*, Marguerite de Mussey, seigneur en partie de Savigny fit saisir la vendange et la fit vendre par le sergent du Duc.

Toutefois aux jours de justice tenus à Beaune, les religieux furent la même année confirmés dans leurs *privilèges anciens* de vendanger sans ban et de plus « pourront vendanger *le jour du Seigneur.* » (Archives municipales).

Cette faveur au profit de l'abbaye de Maizières n'était pas générale pour les vignobles appartenant aux autres seigneurs de Savigny. Les registres *terriers* des 16e et 17e siècles font mention du droit ancien qui appartenait aux Seigneurs de Savigny de *fixer* et de proclamer le *ban des venoinges*.

Comme sanction des amendes de *sept sols par ovrée* étaient encourues par les contrevenants ; depuis nombre d'années déjà, le ban officiel des vendanges est supprimé à Savigny, comme du reste dans toutes les communes de la côte Beaunoise.

Chacun est libre de vendanger à sa guise et reste seul juge du jour qu'il convient de choisir.

Toutefois la municipalité croit devoir, après enquête préalable sur la maturité du raisin, donner officieusement avis du jour de l'ouverture des vendanges.

Cette mesure est bonne en soi car elle renseigne les ouvriers du dehors, qui ne s'exposent plus autant à des déplacements inutiles ou onéreux, et facilite les transactions dans la vente des raisins sur place.

Quelques climats doivent à leur exposition exceptionnelle et à la nature particulière du terrain une mention spéciale, malheureusement les indications du cadastre ne permettent pas toujours de remonter à une origine sûre ou authentique des lieux dits.

Beaucoup de ces appellations étaient fréquentes dans le patois de jadis; quelques-unes se perpétuent telles quelles dans le patois de maintenant; beaucoup ont perdu de leur cachet ancien en les francisant maladroitement.

Une notice aussi brève que possible ne sera pas néanmoins sans intérêt pour les amateurs de vieux noms se rattachant à l'histoire du vignoble.

Les Cloux climat en vignes, voisin du village, à l'est, possédé par la maison de la Loyère. *Cloux* vient de *Clos*, enceinte fermée de murs peu élevés.

D'anciens titres parlent également du *Clou de Langres* du *Clou des Godeault*.

Les Guettes séparées du précédent par un chemin rural doivent leur nom à leur position découverte et plus élevée dans le coteau de midi. C'était autrefois un excellent poste d'observation de la plaine. Là on faisait le *guet* et on veillait sur l'ennemi.

Les Serpentières voisines des Clous appelées autrefois les *Serpentines* doivent certainement leur nom aux nombreux reptiles que l'on y rencontre et qu'attire le voisinage de quelques sources folles.

Les Lavières plus à l'est encore doivent leur nom aux roches minces et plates du sous-sol.

Excellent pour la vigne.

Les Vergelesses confinant le territoire de Pernand constituent un climat de *crû* de premier ordre.

Il en est parlé dans une charte de 830, où il est indiqué sous le nom de *Vergelosses*. Son voisinage de l'ancienne voie de Beaune à Vergy semble expliquer cette dénomination.

Il en est également parlé dans un titre de l'église de Beaune à la date de 830. L'hospice de Beaune possède une grande partie des vignes de ce climat.

La *Champagne* est ce vaste terrain plat qui fait suite à la Champagne de Beaune.

Les *Vermots* (vers les monts) sont plus spécialement favorables à la culture du pinot blanc.

Les *Goudelettes* appelées aussi les *Gouttes-d'Or* produisent un excellent vin blanc qui flatte l'œil.

Les *Boutières* sont à la limite du finage et produisent de bons cépages.

Les *Ratausses* ont vu à certaines époques des émigrations considérables de ces petits rongeurs (rats) qui ont dévasté les cultures.

Chenôve (canabis chanvre), ancienne propriété des moines de Maizières est un haut plateau calcaire où la culture de la vigne donne des récoltes abondantes, son nom vient probablement de celui de chanvre à la culture duquel il devait convenir.

Les *Fourneaux* doivent leur nom suivant une tradition très respectable aux *fourneaux à charbon* dont on a retrouvé quelques vestiges le long du chemin de Pernand à Beaune.

Climat apprécié.

Les premières cuvées proviennent des vignes des climats des *Marconnets*, des *Jarrons* ou *Dominodes*, des *Guettes*, des *Gravains* des *Lavières*, des *Narbantons*.

Les *Peuillets*, les *Clous*, les *Pointes*, les *Serpentières*, les *Liards*, les *Pimentiers*, les *Bourrettes*, les *Fourneaux* et les *Fourches* fournissent des vins de seconde cuvée des plus appréciés.

Aux *Champs Chardons* et aux *Champs des Pruniers*, entre Chorey et Savigny se dressaient autrefois les signes patibulaires de la justice seigneuriale.

Moutiers-Ramey que bien à tort le cadastre inscrit *Moutier-à-Met* désigne l'emplacement qu'occupait autrefois le prieuré de Saint-Maurice qui relevait de l'abbaye de Moutiers-Ramey dans le diocèse de Troyes.

Les *Marconnets* séparés du finage de Beaune par l'ancienne voie romaine désignent un climat de *crû* des plus réputés de la région.

Les *Jarrons* (haut et bas) que tout le monde connaît sous le nom de *Dominodes* ou *dominaudes* (vignes du seigneur) sont contigus au précédent, ils appartenaient autrefois au prieuré de Saint-Maurice.

Une partie du climat était désigné anciennement sous le nom de *Clou de Langres*.

Il nous reste maintenant pour terminer ce travail, à donner les noms des climats ainsi que celui des principaux propriétaires (1).

Domaine de M. X. *(Spécimen)*

Hauts Jarrons. — 14-181. — Sup. 6 hect. 14 ares 40 cent., première classe, seconde classe.

PRINCIPAUX PROPRIÉTAIRES

MM. Imbault (Emile).
   Bouley.
   Troussard.
   du Ledo.
   Champy.
   Poisot.

MM. Vesoux.
   Dufour.
   Bocquet (Léonce).
   Bernard (Ernest).
   Narvault (Marcel).
   Joannet-Narvault.

---

(1) Il faut remarquer que les deux premiers chiffres sont ceux qui servent à se repérer sur la carte.

Jarrons. — 14-182. — 9 hect. 16 ares 80 cent., première classe.

PRINCIPAUX PROPRIÉTAIRES

MM. Imbault (Emile).
    Bouley.
    Troussard.
    du Ledo.
    Poisot.

MM. du Bay.
    Vesoux-Dufour.
    Bernard (Ernest).
    Arnoux.

Redrescul. (ou redrescut). — seconde et troisième classes.

PRINCIPAL PROPRIÉTAIRE

M. Bernard (Ernest).

Galloises. — 13-211. — Sup. 2 hect. 77 ares 28 cent., troisième classes.

PRINCIPAUX PROPRIÉTAIRES

M. Langeron. | M. Manuel-Roux. | M. Narvault (Ernest).

Aux Clous. — 8-203. — Sup. 15 hect. 61 ares 75 c., première et seconde classe.

PRINCIPAL PROPRIÉTAIRE

M. de La Loyère.

Aux Serpentières. — 11-207. — Sup. 13 hect. 43 ares 70 cent., première et seconde classes.

PRINCIPAUX PROPRIÉTAIRES

MM. de La Loyère.
    Goby (Hilaire).
    Lacaille.
    Bocquet (Léonce).
    Manière-Denizot.
    Moingeoz (Eugène).
    Seguin-Manuel.
    Vesoux-Dufour.
    Maldant (Louis).
    Gorges (Célestin).

MM. Lavirotte.
    Rossignol.
    de Maupas.
    La Charité.
    Moyne-Jacqueminot.
    de Montgascon.
    Poisot.
    Heuvrard.
    Perdrier.

Aux Pointes. — Sup. 2 hect. 75 ares 30 cent., seconde classe.

PRINCIPAUX PROPRIÉTAIRES

MM. Bourgeois.
    Maldant (Charles).
    Bouley.

MM. Troussard.
    Paquet-Arnoux.
    l'Hôtel-Dieu.

Basses Vergelesses. — 13-208. — Sup. 14 hect. 68 ares 35 cent., première classe extra et première classe.

PRINCIPAUX PROPRIÉTAIRES

M. Poisot. | Hospice de la Charité. | L'Hôtel-Dieu.

Vergelesses. — 14-209. — Sup. 16 hect. 97 ares 70 cent., première classe extra, première et seconde classes.

PRINCIPAUX PROPRIÉTAIRES

MM. Maldant (Louis).
    de Maupas.
    Poisot.
    de Joux.
    Gorges (Célestin).
    Desforges-Truchot.

MM. Perdrier.
    Moingeon (Eugène).
    Dumoulin (Fernand).
    du Bay.
    Lavirotte.

Talmettes. — 14-210. — Sup. 3 hect. 16 ares 50 cent, première et seconde classes.

PRINCIPAUX PROPRIÉTAIRES

MM. Moyne-Jacqueminot.
    Vollot.
    Viennot.
    Maldant (Louis).
    du Bay.

MM. de Maupas.
    Poisot.
    de Joux.
    Prieur.

Chenôve. — Troisième classe.

PRINCIPAL PROPRIÉTAIRE

Maldant (Louis).

Aux Gravains. — 12-208. — Sup. 6 hect. 38 ares 8 cent., première classe.

PRINCIPAUX PROPRIÉTAIRES

MM. Moyne-Jacqueminot.
    Cyrot.
    Bouley-Troussard.
    Poisot.

MM. Serrigny-Robelin.
    de Pesquidoux.
    Moine-Boursot.
    Vesoux-Dufour.

Les Lavières. — 14-211. — Sup. 18 hect. 51 ares 25 cent., première et seconde classes.

PRINCIPAUX PROPRIÉTAIRES

MM. Bocquet (Léonce).
    Seguin-Manuel.
    Manuel-Roux.
    Orgelot.
    Prieur.
    Dumoulin (Fernand).
    Baille.
    Narvault (Marcel).
    de Joux.
    Gauthey (Henri).

MM. de Maupas.
    Dillon.
    Vollot.
    Bouley-Troussard.
    Rouge.
    Imbault (Emile).
    Davadant.
    Moine-Boursot.
    Moyne-Jacqueminot.
    Viennot.

Les Canardières *(ou Conardises)*. — 16-178. — Sup. 10 hect. 77 ares 55 cent., seconde classe.

PRINCIPAUX PROPRIÉTAIRES

MM. Goby-Plait.
    Fellot.
    de Joux.
    Girard (Paul).
    Rossignol.
    Corcol-Gabiot.
    du Bay.

MM. Joannet-Narvault.
    Bourgeois.
    Serrigny-Bathiard.
    Parigot.
    Goby-Mariotte.
    Beuchet.
    Moingeon-Ropiteaux.

Les (ou aux) **Fourches**. — 16-167. — seconde et troisième classes.

PRINCIPAUX PROPRIÉTAIRES

MM. Manuel-Roux.	MM. Rossignol.
Joannet-Moine.	Lapostolet.
Langeron.	Rougé.
Moyne-Jacqueminot.	Billard-Larbalestier.
Guyot-Boudier.	Rémondet.
de Joux.	Bouley-Troussard.
Parent.	Boursot-Liger.
Moine-Boursot.	

Goudelettes. — Seconde classe.

PRINCIPAUX PROPRIÉTAIRES

MM. Narvault-Manière.	MM. Veuve Jolivet.
Vesoux-Dufour.	Billard-Joannet.
Billard-Larbalestier.	Goby-Mariotte.
Desforges.	Muzard-Joannet.
Plait-Cornu.	Vollot.
Marque.	Joannet-Moine.

Sous Roches. — Troisième classe.

PRINCIPAUX PROPRIÉTAIRES

MM. Billard-Larbalestier.	Chenu-Paquet.

Aux Boutières. — 18-150. — Troisième classe.

PRINCIPAUX PROPRIÉTAIRES

MM. de Maupas.	MM. Maldant (Paul).
Poisot.	Guyot-Boudier.
du Bay	Veuve Masson.
Desforges-Truchot.	

Peuillets. — Sup. 22 hect. 93 ares 75 cent., première, seconde et troisième classes.

PRINCIPAUX PROPRIÉTAIRES

MM. Paquet (Arnoux).	Davadant (Prosper).
Bouley-Troussard.	de Maupas.
Pavelot.	Bathiard.
Gillotte.	Imbault.

SAVIGNY-LÈS-BEAUNE 17

MM. Chenu-Paquet.
    Maldant (Louis).
    du Bay.
    Muzard-Joannet.
    Vesoux-Vesoux.
    Bocquet.
    Serrigny.
    Bathiard.

MM. Moingeon (Eugène).
    Vollot (Irénée).
    Maldant (Charles).
    Broichot.
    Manuel-Roux.
    Chanson (Jules).
    Bonnot.
    Boursot.

Bas Marconnets — Sup. 24 hect. 82 ares 15 cent., première classe.

PRINCIPAUX PROPRIÉTAIRES

M. Bocquet (Léonce). | M. Gorges (Célestin).

Domaine de M. X... *(Spécimen)*

Hauts Marconnets. — Sup. 6 hect. 63 ares 55 cent., première et seconde classes.

PRINCIPAUX PROPRIÉTAIRES

MM. Bureau de Bienfaisance d'Allerey.
    Vieilhomme.
    Bocquet (Léonce).
    Gorges (Célestin).

MM. de Maupas.
    Darviot.
    Poisot.
    Royer.

Moutiers-à-Met. — Sup. 3 hect. 8 ares 40 cent., troisième classe.

PRINCIPAUX PROPRIÉTAIRES

MM. Maldant (Louis).
Vesoux-Dufour.
Rossignol (Louis).
Goby-Bazerolle.

MM. Lagneau.
Billard-Larbalestier.
Bocquet (Léonce).

Les Saucours. — 11-206. — Sup. 7 hect. 45 ares 43 cent., seconde et troisième classes.

PRINCIPAUX PROPRIÉTAIRES

MM. Goby (Hilaire).
Manuel-Roux.
Narvault (Marcel).
de la Loyère.
Joannet-Narvault.
Billard-Larbalestier.
Goby-Bazerolle.

MM. Vesoux-Dufour.
Heuvrard (Prosper).
Moine-Boursot.
Fellot-Roulot.
Billard-Joannet.
Muzard-Joannet.

Rouvrettes. — 13-210. — Sup. 5 hect. 74 ares 80 cent., seconde classe.

PRINCIPAUX PROPRIÉTAIRES

MM. Vesoux (Amédée).
Bouley-Troussard.
Fellot.
Davadant (Prosper).
Prieur.
Buthiaut.
Moine-Boursot.
Rossignol (Louis).
Imbault (Alfred).

MM. Narvault (Marcel).
Bussilot.
Moingeon-Ropitaux.
Imbault (Émile).
Vesoux-Dufour.
Arnoux.
Joannet.
Maldant (Charles).

Narbantons. — 15-168.. — Sup. 10 hect. 20 ares 70 cent., seconde et troisième classes.

PRINCIPAUX PROPRIÉTAIRES

MM. Narvault (Marcel).
Bernard (Ernest).
Baille.

Bocquet (Léonce).
du Bay.
Gorges (Célestin).

SAVIGNY-LÈS-BEAUNE 19

MM. Corcol-Gabiot.
Hospice de la Charité.
Bouley-Troussard.
Narvault-Manière.

MM. du Ledo.
Poisot.
Vesoux-Dufour.

Champagne. — 19-130. — Sup. 32 hect. 93 ares 15 cent., troisième classe.

PRINCIPAUX PROPRIÉTAIRES

MM. Ouillon. | Laligant. | Divers.

Planchots de la Champagne. — 20-145. — Sup. 14 hect. 13 ares 95 cent., troisième classe.

PRINCIPAUX PROPRIÉTAIRES

MM. Rougé.
Gacon.
Paveulot.
L'Hôtel-Dieu.
du Bay.
Parent.
Jacquemard.

MM. Perrin-Serrigny.
Goby-Mariotte.
Vesoux-Vesoux.
Goby-Bazerolle.
Parigot-Goby.
Langeron.
Bouley-Troussard.

Planchots du Nord. — 21-122. — Troisième classe.

PRINCIPAUX PROPRIÉTAIRES

MM. Girard (Paul).
Buthiaut.
Dufour-Manière.
La Charité.
Lapostolet.

MM. Moine-Boursot.
du Bay.
Parent.
Goby-Vesoux.

Bourgeots. — 17-159. — Sup. 7 hect. 77 ares, 83 cent. troisième classe.

PRINCIPAUX PROPRIÉTAIRES

MM. Chevrot.
Goby-Plait.
Bouley-Troussard.

MM. La Charité.
Poisot.

Prevaux. — 27-155. — Sup. 2 hect. 30 ares 30 cent., troisième classe.

PRINCIPAUX PROPRIÉTAIRES

MM. Livoret.
  l'Hôtel-Dieu.
  Lapostolet.
  Lavirotte.
  Parent.
  Goby-Mariotte.
  Muzard-Joannet.

MM. Goby-Parigot.
  Goby-Vesoux.
  Goby (Hilaire).
  Billard-Larbalestier.
  Vesoux-Vesoux.
  Maldant (Paul).

Ralausses. — 21-123. — Sup. 4 hect. 70 ares 70 cent., seconde et troisième classes.

PRINCIPAUX PROPRIÉTAIRES

MM. Maldant (Louis).
  Moyne-Jacqueminot.
  Muzard.
  Billard-Joannet.
  Paquet-Arnoux.

MM. Ricaud (Jules).
  Perdrier.
  Goby-Bazerolle.
  Ambroise (Ricaud).
  Girard (Paul).

Petits Picotins. — 20-126. — Sup. 11 hect. 70 ares 90 cent., seconde et troisième classes.

PRINCIPAUX PROPRIÉTAIRES

MM. Bocquet (Léonce).
  Goby-Mariotte.
  Moyne-Jacqueminot.
  Vollot.
  Goby-Vesoux.
  du Bay.

MM. Bize.
  Gorges (Célestin).
  Marque.
  La Charité.
  Gabiot.
  Rougé.

Grands Picotins. — 20-131. — Sup. 10 hect. 14 ares 45 cent., seconde et troisième classes.

PRINCIPAUX PROPRIÉTAIRES

MM. Bocquet (Léonce).
  Gorges (Célestin).
  Moyne-Jacqueminot.
  Vollot.
  Vesoux-Paquet.
  Gabiot.

MM. Rémondet.
  Paquet-Arnoux.
  Rougé.
  Bouley-Troussard.
  Moine-Boursot.
  Parent.

Les Pimentiers (ou le Pimentier). — 18-148. — Sup. 16 hect. 49 ares 75 cent., première et seconde classes.

PRINCIPAUX PROPRIÉTAIRES

MM. Bouley-Troussard.
Rougé.
Narvault-Manière.
Billard-Larbalestier.
Clantenay.
La Charité.
Lapostolet.
de Maupas.
Dufour-Manière.
Lavirotte.
Parent.
Vesoux-Vesoux.
Serigny.

MM. Joannet-Narvault.
Girard-Garnier.
Goby-Parigot.
Manière-Denizot.
Dumoulin F.
Goby-Vesoux.
Vesoux-Paquet.
Langeron.
Girard-Pourcher.
Orgelot.
Parigot-Billard.
Moine-Boursot.
Crapin.

Champs Chardons. — 18-134. — Troisième classe.

PRINCIPAUX PROPRIÉTAIRES

MM. Imbault (Emile).
Rémondet.
Bouley-Troussard.
Moine-Boursot.
Parent.
Girard-Pourcher.

MM. Bonnard-Goby.
Goby-Mariotte.
Desforges-Truchot.
Perrin-Serrigny.
Vollot (Irénée).
Guyot-Boudier.

Champs des Pruniers. — 19-144. — Troisième classe.

PRINCIPAUX PROPRIÉTAIRES

MM. Rougé.
Narvault-Manière.
Girard (Paul).
Dufour-Manière.
Bathiard.
Buthiaut.
Viennot.

MM. Vesoux-Dufour.
Joannet-Narvault.
Parigot-Goby.
Langeron.
Moyne-Jacqueminot.
Goby-Bazerolle.
Maldant (Paul).

Fourneaux. — 17-168. — Première, seconde et troisième classes.

PRINCIPAUX PROPRIÉTAIRES

MM. Bourgeois.
    Baille.
    Desforges.
    Vesoux-Dufour.
    de Joux.
    Serrigny-Robelin.
    Chenu.
    du Bay.

MM. Parent.
    Goby-Vesoux.
    L'Hôtel-Dieu.
    Dufour-Manière.
    de la Loyère.
    Imbault (Émile).
    Cyrot (Henri).

Domaine de M. X... *(Spécimen)*

Les Godeaux. — 13-208. — Sup. 7 hect. 51 ares 15 cent., seconde et troisième classes.

PRINCIPAUX PROPRIÉTAIRES

MM. Manuel-Roux.
    Vallot (Irénée).
    Girard-Pourcher.
    Bouley-Troussard.
    du Bay-Peste.

MM. Moyne-Jacqueminot.
    Grapin-Goby.
    Parent.
    Chenu-Paquet.

Petits Godeaux. — Sup. 7 ares 26 cent., seconde classe.

PRINCIPAUX PROPRIÉTAIRES

MM. Moyne-Jacqueminot. | Davadant.

Les Charnières. — Sup. 2 hect. 6 ares 75 cent., première et seconde classes.

PRINCIPAUX PROPRIÉTAIRES

MM. Moyne-Jacqueminot. | MM. Vesoux-Dufour.
    Imbault-Desforges. | Gorges (Germain).
    Parigot-Billard. |

Aux Guettes (les ou). — 9-293. — Sup. 21 hect. 4 ares 10 cent., première, seconde et troisième classes.

PRINCIPAUX PROPRIÉTAIRES

MM. Bocquet (Léonce). | MM. Parent.
    Narvault (Marcel). | Bonnot.
    L'Hôtel-Dieu de Beaune. | de Maupas.
    du Bay. | Poisot (Nicolas).
    Gauthey (Henri). | Billard-Larbalestier.
    Serrigny-Robelin. | Bouley-Troussard.

Guettotes. — 7-199. — Sup. 111 hect. 93 ares 15 cent., troisième classe.

PRINCIPAUX PROPRIÉTAIRES

MM. Lapostolet. | MM. Billard-Joannet.
    Gorges (Célestin). | Desforges-Truchot.

Roichottes. — 10-205. — Sup. 2 hect. 21 ares 5 cent., seconde et troisième classes.

PRINCIPAUX PROPRIÉTAIRES

MM. de Joux. | MM. Hospice de la Charité.
    Goby-Vesoux. | Lavirotte.
    Paquet-Arnoux. |

Gruottes. — 10-206. — Sup. 1 hect. 18 ares 90 cent., troisième classe.

PRINCIPAUX PROPRIÉTAIRES

MM. Billard-Joannet.
    Perdrier-Lavirotte.

MM. Parent.
    Maldant-(Charles).

Moulin Moyne. — Sup. 57 ares 30 centiares, troisième classe.

PRINCIPAL PROPRIÉTAIRE

M. Bouley-Troussard.

Bas Liards. — 13-210. — Sup. 6 hect. 20 ares 75 cent., troisième classe.

PRINCIPAUX PROPRIÉTAIRES

MM. Bouley-Troussard.
    Billard-Larbalestier.
    Lapostolet-Vesoux
    Davadant (Prosper).
    Riger.
    Parent.

MM. Lavirotte (Louis).
    Vesoux-Dufour.
    de Joux.
    Narvault (Marcel).
    Hospice de la Charité.
    Goby-Plait.

Grands Liards. — 12-210. — Sup. 6 hect. 59 ares 80 cent., seconde classe.

PRINCIPAUX PROPRIÉTAIRES

MM. Moyne-Jacqueminot.
    Dumoulin.
    Maldant (Charles).
    Serrigny.
    Maldant (Louis).

MM. Bouley-Troussard.
    Billard-Larbalestier.
    Desforges-Truchot.
    Maldant (Paul).

Petits Liards. — 12-209. — Sup. 5 hect. 78 ares 5 cent., seconde classe.

PRINCIPAUX PROPRIÉTAIRES

MM. Poisot (Nicolas).
    du Bay.
    Lavirotte.
    Desforges-Truchot.

MM. Vesoux-Dufour.
    Narvault (Marcel).
    Vesoux (Amédée).
    Dillon.

Imprimerie Delcourt et Cie, Dijon.

Domaine de M. X.

(Spécimen de la page)

Domaine de M. X.

(Spécimen d'une demi-page)

(Spécimen d'un quart de page)

(Spécimen d'un quart de page)

DESACIDIFIE
à SABLE : 1994

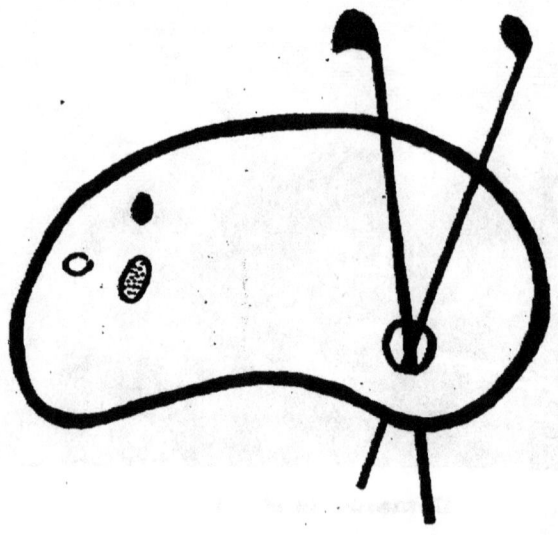

ORIGINAL EN COULEUR
NF Z 43-120-8

www.ingramcontent.com/pod-product-compliance
Lightning Source LLC
Chambersburg PA
CBHW060532050426
42451CB00011B/1737